# MAPAS MENTAIS
## E SUA ELABORAÇÃO

Tony Buzan

# MAPAS MENTAIS
## E SUA ELABORAÇÃO

Um sistema definitivo de pensamento
que transformará a sua vida

*Tradução*
EUCLIDES LUIZ CALLONI
CLEUSA MARGÔ WOSGRAU

**Editora
Cultrix**
SÃO PAULO

Título original: *How to Mind Map*®.

Copyright © 2002 Tony Buzan.

Publicado originalmente em inglês por HarperCollins*Publishers* Ltd.

Copyright da edição brasileira © 2005 Editora Pensamento-Cultrix Ltda.

1ª edição 2005.

10ª reimpressão 2018.

### Dados Internacionais de Catalogação na Publicação (CIP)
### (Câmara Brasileira do Livro, SP, Brasil)

Buzan, Tony
   Mapas mentais e sua elaboração : um sistema definitivo de pensamento que transformará a sua vida / Tony Buzan ; tradução Euclides Luiz Calloni, Cleusa Margô Wosgrau. -- São Paulo : Cultrix, 2005.

   Título original : How to mind map®.
   ISBN 978-85-316-0883-4

   1. Autoajuda - Técnicas 2. Cérebro 3. Inteligência 4. Mapas mentais 5. Pensamento I. Título.

05-1555                                                                                    CDD-153.4

**Índices para catálogo sistemático:**
1. Mapas mentais : Elaboração : Psicologia   153.4

Direitos de tradução para o Brasil adquiridos com exclusividade pela
EDITORA PENSAMENTO-CULTRIX LTDA.
Rua Dr. Mário Vicente, 368 – 04270-000 – São Paulo, SP
Fone: (11) 2066-9000 – Fax: (11) 2066-9008
E-mail: atendimento@editoracultrix.com.br
http://www.editoracultrix.com.br
que se reserva a propriedade literária desta tradução.
Foi feito o depósito legal.

## Dedicatória

Dedico este livro ao cérebro humano e aos seus notáveis poderes de Imaginação e Associação liberados pela magia dos Mapas Mentais.

# Sumário

## Capítulo dois:
## Elaboração de um Mapa Mental  37

## Capítulo três:
## Maior eficiência na vida diária com Mapas Mentais  55

# Lista de Mapas Mentais

## Agradecimentos

Eu gostaria de agradecer de modo especial às pessoas mencionadas a seguir, todas muito importantes no processo de desenvolvimento dos Mapas Mentais e de sua aceitação cada vez maior: meu caro amigo Sean Adam que em 1986 previu que em 20 anos os Mapas Metais seriam *a* Ferramenta do Pensamento Global e que me incentivou a trabalhar para que isso acontecesse; minha assistente pessoal Lesley Bias, sem cujos dedos ágeis você não estaria lendo este livro; Alan Burton, nosso artista do Mapa Mental, que de forma brilhante vivifica idéias; meus Instrutores e Treinadores Autorizados que difundem os "Mind Map News" pelos cinco continentes e em todas as partes do mundo; meu irmão Professor Barry Buzan, cujo apoio e estímulo constantes aumentaram a velocidade com que os Mapas Mentais se espalharam pelo mundo; minha mãe Jean Buzan, por me ajudar a desenvolver as minhas capacidades de raciocínio e pela excelente edição dos meus livros; Michael J. Gelb, defensor do Mapa Mental e meu colega; a artista Lorraine Gill, que provou que eu e todas as pessoas do mundo podemos desenhar e somos artistas naturais; Sua Alteza Príncipe Philipp de Liechtenstein, o primeiro Presidente de uma empresa a compreender a importância dos Mapas Mentais e a comprometer-se a oferecer a todos os funcionários do seu grupo, o Liechtenstein Global Trust, a oportunidade de se beneficiarem com eles; Vanda North, fundadora dos Centros Buzan, cuja dedicação para tornar os Mapas Mentais conhecidos e disponíveis em todo o mundo tem sido extraordinária e de sucesso excepcional; Caroline Shott, minha agente literária, que teve a brilhante idéia deste livro e que inspirou o novo e belíssimo porta-fólio da Thorsons, do qual este livro faz parte; agradecimentos especiais à minha querida amiga e editora-chefe Carole Tonkinson pelo entusiasmo e apoio constantes aos Mapas Mentais. Agradecimentos permanentes à extraordinária equipe de apoio da Thorsons, que agora se tornou uma família. As pessoas a seguir se superaram em sua área de atuação e ajudaram a transformar este livro num sucesso: editora em comissão Helen Evans; editora de projetos sênior Kate Latham; desenhista sênior Jacqui Caulton; gerente de projetos Jo Ridgeway; gerente de marketing sênior Jo Lal; a diretora de publicidade Megan Slyfield.

## Carta ao Leitor

Eu gostaria de contar-lhe a história do surgimento dos Mapas Mentais e também deste livro.

Quando criança, eu adorava a idéia de tomar notas e de aprender. Na adolescência, meu pensamento começou a ficar confuso e eu passei a odiar tudo o que se relacionava com o estudo, especialmente a tomada de apontamentos. Fui aos poucos percebendo o evidente paradoxo de que, quanto mais eu anotava, tanto mais os meus estudos e a minha memória *pioravam*. Num esforço para resolver essa situação, comecei a sublinhar palavras e idéias-chave em vermelho e a escrever o que era importante em quadrículas. Como por magia, a minha memória começou a melhorar.

No primeiro ano de universidade, o conflito continuava. Foi então que fiquei fascinado com os gregos, pois aprendi que eles haviam desenvolvido sistemas de memorização que os capacitavam a relembrar perfeitamente centenas e milhares de fatos. Os sistemas gregos de memorização se baseavam na Imaginação e na Associação, que, com espanto e interesse, percebi inexistirem em minhas anotações!

Comecei então a observar que todos ao meu redor agiam da mesma maneira que eu, fazendo anotações espremidas, unicolores e monótonas. Ninguém aplicava os princípios da Imaginação e da Associação — estávamos todos na mesma canoa furada!

De repente, percebi que o emaranhado em minha cabeça e no "cérebro global" coletivo era tão gigantesco, que se fazia necessária uma nova técnica de anotação e de pensamento para desembaraçá-lo.

Comecei então a procurar uma ferramenta de pensamento que desse a todos nós liberdade de pensar, mas uma liberdade de pensar do modo como fomos *projetados* a fazê-lo.

Devotei-me ao estudo de todas as disciplinas possíveis, especialmente da psicologia. Na psicologia, descobri que duas coisas importantes acontecem no cérebro durante o processo de aprendizagem: Associação e Imaginação. Bem como os gregos diziam! A essa altura, comecei a ficar fascinado com o meu cérebro e com o que percebia serem seu poder e potencial, muito maiores do que eu havia imaginado. Passei a concentrar-me na memória, na tomada de notas e na criatividade, porque a resposta à minha busca parecia estar nesses fatores.

Descobri rapidamente que a maioria dos grandes pensadores, especialmente Leonardo da Vinci, usava imagens, códigos e traços de ligação em suas anotações. Eles "rabiscavam" e assim davam vida às suas anotações.

Durante essas pesquisas, com muita freqüência eu passeava em meio à natureza, pois me sentia mais à vontade para pensar, imaginar e sonhar. Aos poucos começou a brotar em mim a idéia de que, como somos parte da natureza, o nosso pensamento e as nossas anotações devem ter relação com ela e refleti-la; devemos espelhar as leis universais da natureza em nosso modo de ser e agir!

Só havia uma solução possível para o meu dilema. A ferramenta de pensamento precisava aplicar-se a todo o espectro das atividades humanas diárias e devia basear-se no modo como o cérebro quer trabalhar naturalmente. Eu precisava de algo que refletisse os processos da natureza e o modo de operação natural do nosso cérebro, e não algo que nos pusesse numa camisa-de-força mental por forçar-nos a trabalhar contra a nossa tendência natural. O que aflorou foi uma ferramenta simples, bela, como uma estrela que realmente refletia a criatividade e o brilho naturais dos nossos processos de pensamento.

**Nascia o primeiro Mapa Mental!**

A British Broadcasting Corporation (BBC) ouviu falar dessa nova descoberta e de seus efeitos fantásticos sobre as crianças, e me solicitou a apresentação de um programa de televisão de meia hora sobre os Mapas Mentais.

Durante a reunião para discutir o conteúdo do programa, eu elaborava o Mapa Mental da sessão. Ao ver como o Mapa se expandia, o Diretor do Departamento de Educação Permanente da BBC comentou: "Temos mais de um programa aí; pelo menos uns dez!" No decorrer de um ano foi apresentada a série televisiva "Use Your Head", em dez capítulos, e lançado o livro correspondente. O Mapa Mental havia criado seu próprio futuro!

Desde então dedico o meu tempo a palestras e aulas sobre a teoria e a aplicação dos Mapas Mentais. Por ter enfrentado muitas dificuldades nos tempos de escola, resolvi que todos deveriam ter a oportunidade de beneficiar-se com a liberação dessa ferramenta de pensamento.

Escrevi *Mapas Mentais e sua Elaboração* como parte dessa determinação de tornar esse instrumento acessível a todos. O texto lhe dirá o que é um Mapa Mental, como ele funciona, as muitas maneiras como esses mapas podem ajudá-lo e como usá-los.

*Mapas Mentais e sua Elaboração* o conduzirá através do processo simples de construir um Mapa Mental desde o início. Você se surpreenderá com o que pode conseguir, com o grau de criatividade que possui e com a forma como os Mapas Mentais o ajudarão prática e imediatamente em sua vida diária.

Os Mapas Mentais transformaram a minha vida de modo espetacular e maravilhoso. Sei que farão o mesmo por você.

Prepare-se para surpreender-se — com você mesmo!

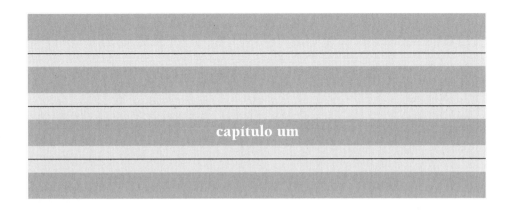

apresentação do
# Mapa Mental

Neste capítulo responderei às seguintes perguntas:

- O que é exatamente um Mapa Mental?

- O que é preciso para elaborar um Mapa Mental?

- Como os Mapas Mentais podem ajudá-lo?

# O que é exatamente um Mapa Mental?

Um Mapa Mental é a ferramenta definitiva para organizar o pensamento. E é absolutamente simples!

O Mapa Mental na página ao lado, bem elementar, é um plano para o dia de hoje. Cada ramo que se desenvolve a partir do centro tem relação com diferentes tarefas que precisam ser realizadas hoje; por exemplo, telefonar para o encanador ou fazer compras no mercado.

Um Mapa Mental é a maneira mais fácil de *introduzir* e de *extrair* informações do seu cérebro — é uma forma criativa e eficaz de anotar que literalmente

# "mapeia"

os seus pensamentos.

Todos os Mapas Mentais têm algumas coisas em comum: Todos usam cores; todos têm uma estrutura natural que parte do centro; todos utilizam linhas, símbolos, palavras e imagens de acordo com um conjunto de regras simples, básicas, naturais e familiares ao cérebro. Com um Mapa Mental, uma longa lista de informações áridas pode se transformar num diagrama colorido, fácil de lembrar e bem organizado que opera em harmonia com o funcionamento natural do cérebro.

Uma boa comparação é a que se pode fazer entre os Mapas Mentais e os mapas de uma cidade. O centro do seu Mapa Mental é como o centro da cidade e representa a idéia mais importante; as ruas principais que partem do centro representam os principais pensamentos em seu processo de pensar; as ruas ou ramificações secundárias representam os pensamentos secundários, e assim por diante. Imagens ou formas especiais podem representar focos de interesse ou idéias especialmente interessantes.

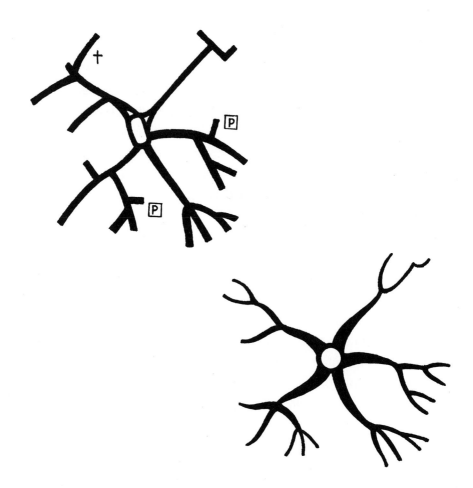

Do mesmo modo que um mapa rodoviário,
um Mapa Mental:

• Dá a você uma visão geral de um assunto ou área amplos.

• Possibilita que você planeje rotas ou faça escolhas e lhe dará condições de saber onde esteve e para onde vai.

• Reunirá grande quantidade de dados num só lugar.

• Estimulará a solução de problemas permitindo-lhe perceber novos caminhos criativos.

• Será agradável de ver, ler, apreciar e lembrar.

Mapas Mentais também são

# Mapas-roteiro

fantásticos para a memória, possibilitando-lhe organizar fatos e pensamentos de tal forma que o modo de operar natural do cérebro esteja envolvido desde o início. Ou seja, lembrar e recuperar informações se tornam processos muito mais fáceis e confiáveis do que a utilização de técnicas tradicionais de anotação e registro.

## O que é preciso para elaborar um Mapa Mental?

Como os Mapas Mentais são naturais e muito fáceis de elaborar, os ingredientes da "Receita para o seu Mapa Mental" são muito poucos:

1. Folha de papel branco e sem pautas
2. Canetas e lápis coloridos
3. O cérebro
4. A imaginação!

# Como os Mapas Mentais podem ajudá-lo?

Os Mapas Mentais podem ajudá-lo de muitas, **muitas** maneiras! Veja apenas algumas!

Os Mapas Mentais podem ajudá-lo a:

- ser mais criativo
- ganhar tempo
- resolver problemas
- concentrar-se
- organizar e clarear os pensamentos
- ser aprovado em exames com boas notas
- lembrar melhor
- estudar com maior rapidez e eficiência
- tornar o estudo mais agradável
- ver o "quadro completo"
- planejar
- comunicar-se
- sobreviver!
- salvar árvores!

Vamos comparar o

# cérebro

e o

## *conhecimento*

nele contido com uma biblioteca.

Imagine o cérebro como uma biblioteca construída há pouco tempo, ainda vazia, esperando receber dados e informações sob a forma de livros, vídeos, filmes, CDs e disquetes de computador.

Você é bibliotecário-chefe e precisa decidir em primeiro lugar se quer um acervo grande ou pequeno. Naturalmente, você opta por um acervo grande.

A segunda decisão é se quer que as informações sejam organizadas ou não.

Imagine escolher a segunda alternativa, **não** ter organização: você simplesmente pede um caminhão de livros e recursos eletrônicos e os põe numa enorme pilha de informações no meio da biblioteca! Quando alguém chega e pede um livro específico ou pergunta onde pode encontrar informações sobre um determinado assunto, você dá de ombros e diz: "Está em algum lugar aí nessa pilha; espero que encontre — boa sorte!"

*Essa* metáfora descreve o estado mental da maioria das pessoas!

Embora possa conter a informação desejada — e muitas vezes isso ocorre — a mente das pessoas está de tal modo desorganizada que lhes é impossível recuperá-la quando precisam dela. Isso leva à frustração e à relutância em assimilar ou lidar com novas informações. Afinal, para que assimilar novas informações se de qualquer modo você não conseguirá ter acesso a elas?!

Por outro lado, imagine ter uma biblioteca imensa, com muitas informações sobre tudo o que sempre quis conhecer. Nessa nova superbiblioteca, em vez de ter esse material empilhado desordenadamente no meio da sala, tudo está perfeitamente organizado, exatamente onde você quer que esteja.

Além disso, a biblioteca possui um sistema muito eficiente de recuperação de dados e de acesso, dando-lhe condições de encontrar tudo o que precisa num lampejo de pensamento.

**Um sonho impossível? Não, uma possibilidade imediata à sua disposição!**

Os **Mapas Mentais** *são* esse sistema fantástico de recuperação de dados e de acesso para a colossal biblioteca que realmente existe em seu extraordinário cérebro.

Os **Mapas Mentais** o ajudam a aprender, organizar e armazenar a quantidade de informações que desejar e a classificá-las de formas naturais que lhe dão acesso fácil e instantâneo (memória perfeita!) a tudo o que quiser.

Os **Mapas Mentais** têm um atributo extra. Talvez você pense que quanto mais informações introduzir em sua mente, mais atulhada ela ficará e mais difícil será extrair algum dado dessa desordem. Os Mapas Mentais desmentem essa idéia!

# Por quê?

Porque com os Mapas Mentais toda nova informação que você introduz em sua biblioteca "engancha-se" automaticamente em todas as informações já existentes. Com um número maior desses ganchos de memória ligados às informações em sua cabeça, mais fácil será "apanhar" a informação de que você precisa. Com os Mapas Mentais, quanto mais você sabe e aprende, mais *fácil* se torna aprender e saber mais!

Em síntese, a elaboração de Mapas Mentais apresenta um amplo espectro de vantagens que facilitam a sua vida e a direcionam para o sucesso!

# Mas chegou o momento de você elaborar o seu primeiro Mapa Mental!

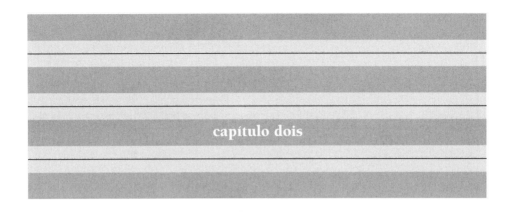

capítulo dois

elaboração de um
# Mapa Mental

- A sua capacidade natural de elaborar Mapas Mentais

- O jogo da Imaginação e Associação

- Sete passos para elaborar um Mapa Mental

- A criação do seu primeiro Mapa Mental

Neste capítulo você vai fazer o seu primeiro Mapa Mental, começando com um jogo de Imaginação e Associação.

Ao término do capítulo, você saberá construir um Mapa Mental e conhecerá todos os componentes que o integram.

## A sua capacidade natural de elaborar Mapas Mentais

Como um Mapa Mental funciona? Do mesmo modo que o cérebro!

E, felizmente, embora o cérebro possa fazer coisas incrivelmente complexas, ele se baseia em princípios espantosamente simples. É por isso que os Mapas Mentais são fáceis e divertidos de elaborar: eles trabalham com as necessidades e com a energia natural do cérebro, não contra elas.

Então, quais *são* as chaves para o funcionamento do cérebro?

Muito simples:

# imaginação

e

# **associação**

Você **duvida?** Então experimente este jogo e faça o seu primeiro Mapa Mental.

## O jogo da imaginação e associação

Leia a palavra abaixo, impressa em letras maiúsculas; em seguida feche os olhos e mantenha-os fechados durante uns 30 segundos, pensando na palavra.

## FRUTA

Ao ler a palavra e fechar os olhos, imprimiu-se em sua mente a palavra FRUTA, como a impressão feita por um computador?

É claro que não! O que o seu cérebro provavelmente gerou foi a imagem da sua fruta preferida, de uma bandeja com frutas ou de uma quitanda de frutas, e assim por diante. Provavelmente você também viu cores de diferentes frutas, relacionou os sabores às frutas respectivas e ainda "sentiu" seus aromas. Isso acontece porque o nosso cérebro trabalha com *imagens* sensoriais com conexões adequadas e *associações* que delas se irradiam. O cérebro usa palavras para disparar essas imagens e associações.

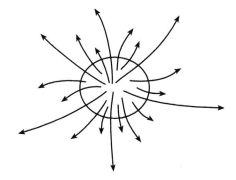

**O seu cérebro irradia pensamentos em todas as direções.**

Elas produzem *figuras* tridimensionais com inúmeras associações que são especialmente pessoais para cada um de nós.

O que *você* constatou com o "Exercício da Fruta" é que o seu cérebro cria Mapas Mentais naturalmente! Ao fazer isso, você conseguiu algo ainda maior do que imagina e abriu caminho para um aperfeiçoamento notável do seu poder de pensar. Você descobriu como o seu cérebro realmente trabalha!

Para ter uma idéia da imensa capacidade do cérebro e da importância dos Mapas Mentais como método para possibilitar que ele se expresse de maneira fácil e natural, pense novamente no "Exercício da Fruta" que você acabou de fazer: com que rapidez você **formou** a imagem da fruta? A maioria das pessoas responde "imediatamente".

Nas conversas diárias você tem acesso "imediato" a um *fluxo* constante de dados contínuos de maneira tão fácil e apurada que nem percebe que o seu cérebro está fazendo algo com que os construtores dos supercomputadores do mundo podem apenas sonhar! Você já possui o supercomputador mais perfeito e insuperável. E ele está na sua cabeça!

É esse prodigioso "poder de supercomputador" que os Mapas Mentais utilizam.

Os Mapas Mentais são o reflexo dos processos e capacidades de pensamento naturais e imagéticos do seu cérebro.

É *assim* que o nosso cérebro funciona —

# IMAGENS

com redes de

# ASSOCIAÇÕES

É *assim* que os Mapas Mentais funcionam —

# IMAGENS

com redes de

# ASSOCIAÇÕES

## Sete passos para elaborar um Mapa Mental

1. Comece no **CENTRO** de uma folha de papel em branco virada de lado. Por quê? **Porque começar no centro dá ao cérebro a liberdade de se expandir em todas as direções e de se expressar mais livre e naturalmente.**

2. Use uma IMAGEM ou FIGURA como idéia central. Por quê? **Porque uma imagem vale mais do que mil palavras e o ajuda a usar a sua imaginação. Uma imagem central é mais interessante, o mantém focado, ajuda-o a concentrar-se e inibe a dispersão do cérebro.**

3. Use CORES durante todo o processo. Por quê? **Porque as cores são tão excitantes para o cérebro quanto as imagens. O uso da cor acrescenta vibração e vida ao seu Mapa Mental, fornece uma energia extraordinária ao Pensamento Criativo, e é divertido.**

4. LIGUE os RAMOS PRINCIPAIS à IMAGEM central e una os ramos secundários e terciários aos primários e secundários, etc. Por quê? **Porque, como você agora sabe, o cérebro trabalha por ASSOCIAÇÃO. Ligando os ramos, você compreenderá e lembrará muito mais facilmente.**

A ligação dos ramos principais também cria e estabelece uma estrutura ou arquitetura básica para os pensamentos. Isso se parece muito com o modo como na natureza uma árvore forma galhos que se expandem a partir do tronco central. Se houvesse pequenas lacunas entre o tronco e seus galhos principais ou entre os galhos principais e os secundários e os ramos menores, a natureza trabalharia com pouca eficiência! Sem conexões em seu Mapa Mental, tudo (especialmente a memória e o aprendizado) se desintegraria. Conecte!

5. Desenhe ramos CURVOS, não em linha reta. Por quê? **Porque linhas retas *entediam* o cérebro. Ramos curvos, orgânicos, como os galhos de uma árvore, são muito mais atraentes e estimulantes para os olhos.**

6. Use UMA ÚNICA PALAVRA-CHAVE POR LINHA. Por quê? **Porque palavras-chave sozinhas dão mais força e flexibilidade ao seu Mapa Mental. Cada palavra ou imagem sozinha é como um multiplicador, gerando sua própria série especial de associações e conexões. Empregando palavras-chave individuais, cada uma fica mais livre e, portanto, com maior capacidade de desencadear novas idéias e novos pensamentos. Frases ou sentenças tendem a refrear esse efeito desencadeador. Um Mapa Mental com mais palavras-chave é como uma mão com todas as articulações funcionando. Um Mapa Mental com frases ou sentenças é como uma mão com todos os dedos imobilizados por talas!**

7. Use IMAGENS do início ao fim. Por quê? **Porque cada imagem, como a figura central, também vale mais do que mil palavras. Assim, apenas 10 imagens em seu Mapa Mental já equivalem a 10.000 palavras anotadas!**

## A criação do seu primeiro Mapa Mental

Vamos voltar ao tema da "Fruta" e usar seus poderes de imaginação e associação para criar um Mapa Mental. Há um exemplo de Mapa Mental na Estampa 1, mas procure completar o mapa você mesmo antes de conferir.

### Nível Um

Primeiro pegue uma folha de papel em branco e algumas canetas coloridas. Vire o papel de lado, deixando-o mais largo do que comprido (orientação "paisagem", não "retrato"). No centro da página desenhe uma **imagem** que sintetize **"Fruta"** para você. Use as canetas coloridas e seja o mais criativo possível. Identifique essa imagem com a palavra "Fruta".

## Nível Dois

Em seguida, desenhe alguns ramos grossos a partir da imagem central. Use uma cor diferente para cada um. Esses ramos representarão os seus **pensamentos principais** sobre "Fruta". Ao fazer um Mapa Mental, você pode acrescentar quantos ramos quiser, mas para os objetivos deste exercício, vamos limitá-los a cinco (veja ilustração a seguir).

Em cada ramo, com letras maiúsculas grandes, escreva claramente as cinco primeiras palavras-chave que surgirem em sua mente ao pensar sobre a idéia de "Fruta".

**Forma básica a reproduzir para o seu primeiro Mapa Mental (Nível II)**

Como você pode ver, até aqui o seu Mapa Mental é basicamente constituído de linhas e palavras. Por isso, como podemos melhorá-lo?

Podemos aperfeiçoá-lo acrescentando os importantes ingredientes cerebrais de *figuras* e *imagens* da sua **IMAGINAÇÃO**. "Uma imagem vale mais do que mil palavras" e por isso poupa **muito** do seu tempo e energia que de outra forma seriam desperdiçados fazendo centenas de anotações! Além disso, será mais fácil lembrar.

Para cada palavra-chave, desenhe uma figura próxima a ela, para representá-la e reforçá-la. Use as canetas coloridas e um pouco de imaginação. Não é preciso ser uma obra-prima — o Mapa Mental não é um teste de suas habilidades artísticas!

## Nível Três

Vamos agora usar a ASSOCIAÇÃO para expandir esse Mapa Mental até o nível seguinte. Voltando ao Mapa, dê uma olhada nas cinco palavras-chave que escreveu nos ramos principais. Essas palavras estimulam novas idéias? Por exemplo, se você escreveu, digamos, a palavra "Laranja", talvez lhe ocorram as idéias de cor, cítricos, suco, Vitamina C e assim por diante.

Desenhe mais alguns ramos a partir de cada palavra-chave para incluir as associações que surgem. De novo, a quantidade de ramos secundários depende totalmente do número de idéias que ocorrem — que pode ser infinito. Entretanto, para este exercício, desenhe apenas três ramos secundários.

**Forma básica a reproduzir para o seu primeiro Mapa Mental (Nível III)**

Repita para esses ramos secundários exatamente o que fez na primeira etapa deste jogo: escreva neles, claramente, palavras-chave sozinhas. Baseie-se na palavra principal do ramo para suscitar três novas palavras-chave. Novamente, lembre-se de usar cores e imagens nesses ramos secundários.

Parabéns! Você terminou seu primeiro Mapa Mental básico. Você perceberá que mesmo nesse estágio inicial o Mapa Mental se revela exuberante em símbolos, códigos, linhas, palavras, cores e imagens, e já expõe todos os delineamentos de que você precisa para utilizar o cérebro com maior eficácia e satisfação. (Para um exemplo-padrão completo desse exercício, veja Estampa 1.)

Agora você está mais do que preparado para explorar o estimulante mundo de aplicações do Mapa Mental e do modo como elas podem acrescentar qualidade, eficácia e sucesso à sua vida pessoal, familiar, profissional e cotidiana.

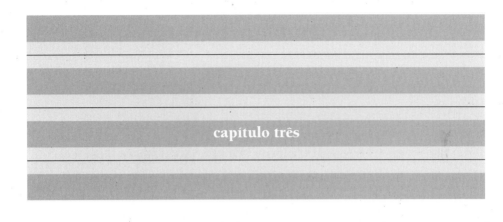

capítulo três

maior eficiência na vida diária com

# Mapas Mentais

- Mapa Mental para comunicação e apresentações

- Mapa Mental para planejar a rotina familiar

- Mapa Mental para convencer e negociar

- Mapa Mental para um fim de semana romântico

- Mapa Mental para chamadas telefônicas

- Mapa Mental para começar um novo empreendimento

- Mapa Mental para fazer compras

- Mapa Mental para reduzir um livro a uma única página

- Mapa Mental em computador

Agora que você domina os pontos básicos, é hora de apresentar-lhe as aplicações mais comuns e de maior sucesso dos Mapas Mentais na vida diária.

Você já sabe que os Mapas Mentais têm muitas vantagens, entre as quais economia de tempo, organização e clareza do pensamento, geração de novas idéias, acompanhamento do que acontece, melhora surpreendente da memória e da concentração, maior estímulo ao cérebro, que lhe possibilita ver o "quadro completo" e, também de grande importância, o prazer de fazê-los!

Neste capítulo, vou pôr todas essas vantagens à sua disposição para que você se beneficie com elas.

Você aprenderá a aplicar essa técnica mestra de pensamento a todo um conjunto das mais importantes Habilidades da Vida, destacando-se as ações de planejar, comprar, estudar, tomar notas, iniciar novos negócios e fazer apresentações.

## Mapa Mental para comunicação e apresentações

Ser solicitado a fazer um discurso ou uma apresentação é o medo número um do planeta — maior do que o medo de cobras, aranhas, roedores, guerra, doença, violência e mesmo da morte!

# Por quê?

Porque ao fazermos um discurso ou uma apresentação ficamos totalmente expostos, física e mentalmente. Não há como escapar dos inevitáveis erros diante de uma platéia. Daí o pavor.

Para lidar com esse pavor, a maioria das pessoas passa horas e dias preparando apresentações escritas que só consomem um tempo precioso e em geral provocam o efeito contrário ao desejado.

Como são escritas em forma de frases e como não falamos dessa maneira, elas se tornam monótonas e maçantes. Além disso, como precisa ficar olhando para baixo, para ler as palavras, você perde contato com a platéia. Mais ainda, porque precisa também olhar para a platéia, você aumenta a probabilidade de se "perder". Acima de tudo isso, ao segurar as folhas de papel, você prende o seu corpo, extraordinariamente expressivo, numa prisão de imobilidade, perdendo assim mais de 50% de sua habilidade comunicativa logo no início.

Os Mapas Mentais podem vir em seu socorro!

Assim como fez com o Mapa Mental "Fruta", simplesmente coloque o tema da sua apresentação no centro do papel e derive daí as principais imagens e palavras-chave que deseja expressar.

Ao terminar, numere os ramos centrais na ordem em que serão apresentados e ressalte os pontos principais ou as relações mais importantes entre os ramos.

Você ficará feliz em saber que, para discursos, a regra básica é usar uma palavra-chave ou imagem para um minuto de exposição de um assunto que você conhece bem. Assim, para um discurso de meia hora, é suficiente um Mapa Mental pequeno para cumprir a sua tarefa com êxito.

A vantagem de usar um Mapa Mental para apresentações, ação atualmente praticada por milhões de pessoas no mundo dos negócios, é que ele mantém a sua atenção constantemente voltada para o

# "quadro completo",

possibilita-lhe acrescentar e retirar informações à medida que o momento da apresentação se aproxima e garante que você abordará todos os pontos principais que quer comunicar. Os seus olhos estarão muito mais em contato com a platéia, o seu corpo ficará bem mais livre e a sua mente se sentirá leve.

Os Mapas Mentais para apresentações propiciam-lhe a liberdade mais importante de todas — a liberdade de ser você mesmo. É exatamente essa qualidade pessoal que as platéias mais apreciam.

Como exemplo de um Mapa Mental completo sobre este assunto, veja a Estampa 3.

## Mapa Mental para planejar a rotina familiar

Uma amiga muito querida usa Mapas Mentais para planejar todos os eventos diários, semanais, anuais e especiais da família.

Ela os afixa num lugar que hoje em dia praticamente se transformou num quadro de avisos: a porta da geladeira!

Ela mesma nos diz como usa os Mapas Mentais, com que finalidade e as vantagens que apresentam.

Antes de ouvir falar de Tony e de seus Mapas Mentais, eu vivia no caos. Considero-me uma mulher bastante típica do século XXI — eu quero absolutamente tudo! Sou esposa, mãe, tenho uma profissão, gosto de me manter em forma e *adoro* a vida social. Tudo é igualmente importante, e eu aprecio todas as exigências e êxitos. E certamente não quero deixar escapar nada, muito menos as atividades relevantes do meu filho — estudar para os exames, assistir a um concerto, ajudá-lo em seu projeto de arte ou providenciar para que seu cabelo seja cortado em tempo para a fotografia da escola.

Entretanto, percebi que querer tudo isso significava precisar ser **supereficiente** em minha organização doméstica. Enquanto arrumava a pasta para as reuniões do dia seguinte... eu tinha me lembrado de apanhar o terno do meu marido na lavanderia para uma reunião importante no dia seguinte, ou de que a consulta do cachorro com o veterinário era às 15 horas, exatamente na mesma hora da minha reunião... e assim, quem o levaria? E que dia da semana estava reservado para as atividades escolares do meu filho? Se amanhã fosse quarta-feira, ele precisaria de suas chuteiras, e teria a aula de piano, e então teria de ser apanhado mais tarde do que de costume, porque estava no ensaio de música da escola, e quando chegasse em casa teria tarefas para fazer antes do jantar, do banho e da hora de dormir! Ah, e minha mãe estava chegando para passar dois dias conosco — eu precisava ver se a cama de hóspedes estava com lençóis limpos, comprar mais comida e enviar o depósito para as férias ou perderíamos a reserva! E lembrar de telefonar à Susie para dizer que não conseguiria ir à aula de yoga com ela por causa de tudo isso que eu tinha de fazer.

Em geral, de algum modo quase sempre conseguíamos alcançar os nossos objetivos (com chamadas telefônicas exasperadas da escola sobre algum componente importante do material que fora esquecido e telefonemas igualmente irritados do meu marido lembrando-me daquele jantar de negócios importante que, sim, eu *havia* esquecido). Então ouvi falar dos Mapas Mentais. Eu nem sequer imaginava do que se tratava, mas me entusiasmei com a idéia de que poderia *mapear* numa única folha de papel todas as atividades diárias ou semanais, de modo que todos saberíamos exatamente o que o outro estava fazendo e o que era necessário. Isso simplesmente *transformou* a minha vida! Agora tenho um Mapa Mental na porta da geladeira e posso *visualizar* o que tenho pela frente durante a semana. O Mapa se estende até o fim da semana, e nós o elaboramos juntos e fazemos acréscimos à medida que a semana avança. Acho que a minha vida nunca foi tão produtiva. **,**

Estampa 1: Mapa Mental básico sobre "Fruta"

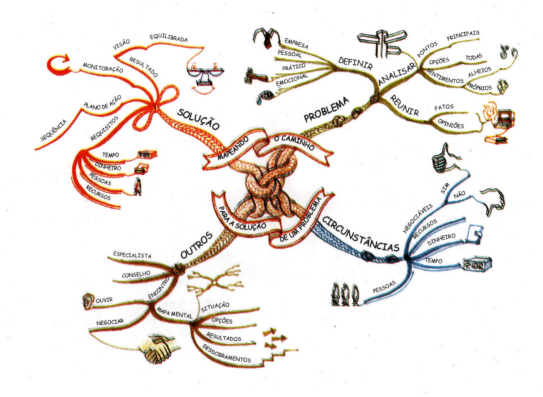

**Estampa 2: Mapa Mental para a solução de um problema**

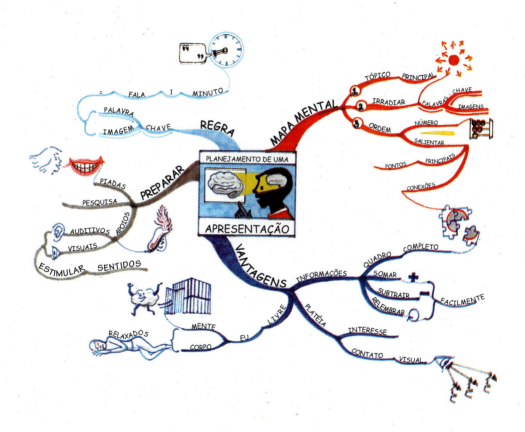

**Estampa 3: Mapa Mental do planejamento de uma apresentação**

**Estampa 4: Mapa Mental para planejar a rotina familiar**

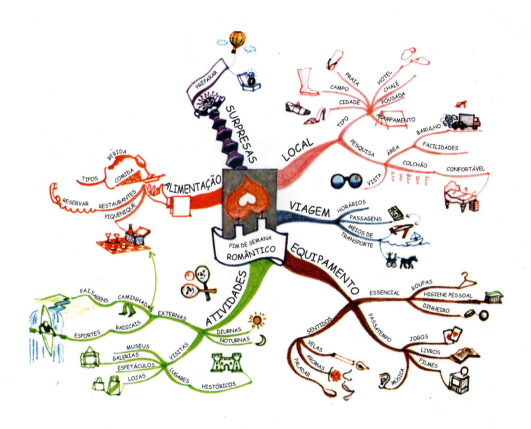

**Estampa 5: Mapa Mental para um fim de semana romântico**

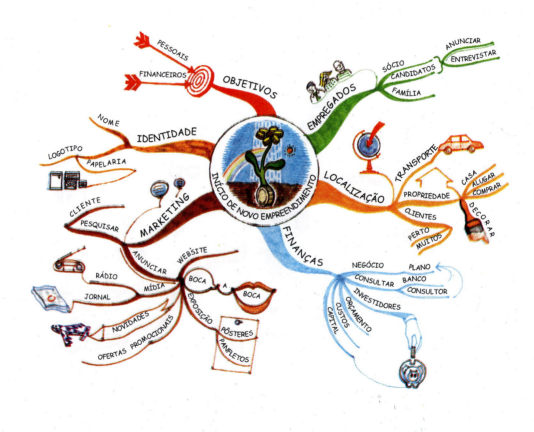

PESSOAIS
FINANCEIROS
OBJETIVOS
EMPREGADOS
SÓCIO
CANDIDATOS
FAMÍLIA
ANUNCIAR
ENTREVISTAR

NOME
IDENTIDADE
LOGOTIPO
PAPELARIA

INÍCIO DE NOVO EMPREENDIMENTO

LOCALIZAÇÃO
TRANSPORTE
PROPRIEDADE
CLIENTES
PERTO
MUITOS
CASA
ALUGAR
COMPRAR
DECORAR

CLIENTE
PESQUISAR
MARKETING
ANUNCIAR
WEBSITE
RÁDIO
MÍDIA
JORNAL
BOCA
A
BOCA
EXPOSIÇÃO
NOVIDADES
PROMOCIONAIS
OFERTAS
PÔSTERES
PANFLETOS

FINANÇAS
NEGÓCIO
CONSULTAR
INVESTIDORES
ORÇAMENTO
CUSTOS
CAPITAL
PLANO
BANCO
CONSULTOR

70     **Estampa 6: Início de um novo empreendimento**

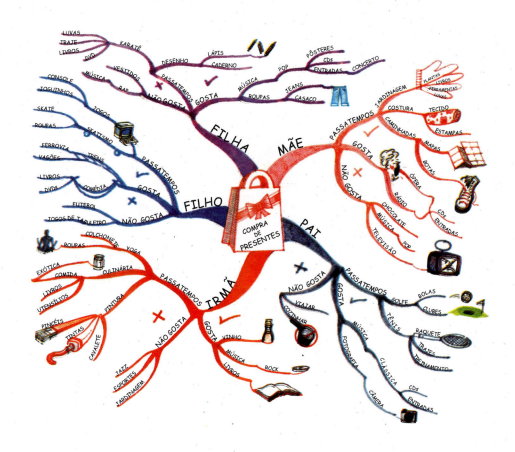

**Estampa 7: Mapa Mental para compras**

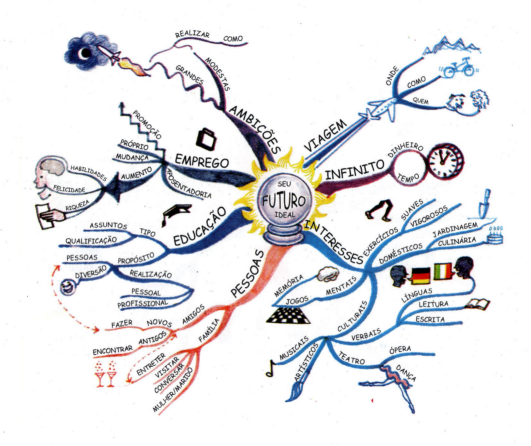

**Estampa 8: Seu futuro ideal**

O que a minha amiga demonstrou é que o Mapa Mental é uma forma extraordinária de registrar, de modo atraente e organizado, tudo o que você precisa fazer. Você pode elaborar um Mapa Mental geral ou uma série de MiniMapas Mentais que cubram as áreas de suas atividades futuras. Esses Mapas lhe darão um bom grau de controle sobre o seu futuro e o ajudarão a planejar de modo muito mais fácil e eficaz.

Como exemplo de um dos Mapas Mentais da minha amiga, veja a Estampa 4.

## Mapa Mental para convencer e negociar

Persuadir outras pessoas a verem as coisas do nosso ponto de vista é fundamental para a nossa sobrevivência.

Em todas as áreas, diariamente, todos procuramos convencer pessoas. Seja para decidir onde vamos passar as férias, para barganhar por um negócio melhor, para vender alguma coisa ou mesmo para tentar conseguir um emprego, o resultado depende da nossa capacidade de

# convencer.

Nessas comunicações, você precisa estar preparado, e um Mapa Mental é um excelente meio de preparação.

Antes de entrar na "zona de persuasão", mapeie **toda** a situação incluindo como ramos principais os grandes objetivos do caso. Veja os argumentos que você quer apresentar e anote-os como palavras e imagens-chave. Por exemplo, você pode fazer um Mapa Mental para defender um aumento de salário; para mapear todas as razões pelas quais merece uma remuneração mais condigna, levando em conta não apenas seus pontos fortes, mas também suas fraquezas, com o fim de antecipar-se a possíveis objeções; ou ainda para salientar algumas iniciativas bem-sucedidas que você tomou no exercício das funções atuais.

Também é interessante incluir pontos de vista de outras pessoas. Assim, o Mapa lhe oferece um quadro geral mais adequado e lhe dá condições de trabalhar num espírito de cooperação mútua e não de combate!

Os Mapas Mentais são especialmente úteis quando se trata de negociar contratos. Será muito mais fácil conseguir aquele "quadro completo" de suma importância e a perspectiva adequada elaborando um Mapa Mental. Um Mapa Mental também ajuda a acrescentar todos os detalhes que forem necessários sem que você se perca, porque palavras, cores, símbolos e outras técnicas de mapeamento mental concentram as informações e ao mesmo tempo as organizam eficazmente para você.

# Códigos coloridos

são especialmente úteis. Eles podem realçar áreas negociáveis, não negociáveis ou neutras durante as tentativas de acordo. Assim você pode se concentrar no que é importante e não perder tempo e energia com o que é irrelevante. Quanto maiores as dificuldades de negociação do contrato, mais o Mapa Mental pode ajudá-lo. Ele lhe possibilita ver o "quadro completo" o tempo todo e perceber as relações que, de outro modo, poderiam ficar invisíveis.

Um advogado que trabalhava num caso longo e complexo usou Mapas Mentais para acompanhar todos os aspectos durante um período de seis meses. A lembrança e o domínio do caso foram tão grandes, complexos e cabais que seus funcionários foram sondados pela parte contrária sobre o possível equipamento eletrônico secreto que, imaginavam, ele devia usar secretamente no tribunal para ter um controle tão perfeito da situação!

## Mapa Mental para um fim de semana romântico

O planejamento de um fim de semana romântico pode provocar muita ansiedade e desgaste, porque é de *suma* importância que esses eventos tenham o mais absoluto sucesso. Como acontece com outras formas de planejamento, se algum componente essencial estiver faltando ou for esquecido, um evento auspicioso pode se transformar numa catástrofe. É aqui novamente que o Mapa Mental pode vir em seu socorro!

Com o Mapa Mental para um fim de semana romântico, você irradiará, a partir de uma imagem romântica central adequada, os ramos principais de tudo o que você precisa levar em consideração.

Esses ramos incluem o local, a viagem, as atividades, a alimentação, as bebidas, os equipamentos (inclusive roupas, artigos de higiene pessoal, livros e jogos), surpresas especiais, etc.

Talvez a principal vantagem do Mapa Mental para planejar um fim de semana romântico seja que, com ele, a probabilidade de sucesso é muito maior; ele também dá mais confiança e reduz a ansiedade.

A pessoa confiante e calma é um companheiro romântico muito mais atraente!

O exemplo de um Mapa Mental completo sobre este assunto está na Estampa 5.

# Mapa Mental para chamadas telefônicas

Muitas pessoas fazem anotações durante chamadas telefônicas importantes. Telefonemas de negócios, por exemplo, podem ser extremamente complicados, e é fácil perder informações se você não estiver adequadamente preparado. Também para o planejamento de férias talvez seja necessário rabiscar detalhes do itinerário. Um Mapa Mental é *ideal* para essa finalidade.

Comece com a imagem central que resume o tópico da conversa ou a essência da pessoa com quem você está falando. O primeiro ramo principal incluirá o nome da pessoa e a data. Escreva cada assunto principal num ramo que parte do centro e acrescente detalhes usando palavras-chave sozinhas, códigos e imagens nos ramos secundários.

À medida que a conversa continua, as informações avançam pela página de modo a ajudar o seu cérebro a ORGANIZAR, LEMBRAR, COMPARAR e CONECTAR muito rapidamente. Quando o assunto muda, acrescente outro ramo usando imagens-chave, códigos e palavras sobre a linha, como fez anteriormente. Quando a conversa volta a um assunto já tratado, simplesmente retorne ao ramo correspondente e acrescente as novas informações.

Uma conversação telefônica geralmente pula de um tópico a outro, e volta seguidamente a determinados pontos. Com o Mapa Mental, fica fácil lidar com isso, porque as informações sempre terminam no contexto do tópico abordado. Anotações normais simplesmente gravam, cronologicamente (não logicamente) o fluxo dos dados. Isso significa que a informação fundamental se dispersa e se perde. Você verá muitas vezes que as informações obtidas com uma chamada telefônica feita com um Mapa Mental são muito mais organizadas que as informações apenas ouvidas!

Em Mapas Mentais para chamadas telefônicas, a cor acrescenta outra dimensão muito útil. Você pode usar vermelho para o que precisa ser feito imediatamente e azul para ações menos urgentes.

Uma boa maneira de manter os assuntos em seqüência quando **você** faz um telefonema é traçar antecipadamente os ramos. Com isso, os ramos, as palavras-chave e as imagens lhe lembrarão tanto o assunto da conversa como seus objetivos. Quem usa os Mapas Mentais consegue mais informações em menos tempo. Essas pessoas são muito mais organizadas e centradas porque têm diante de si um quadro dos assuntos que querem tratar.

Ao desenhar previamente seus Mapas Mentais desse modo, você evitará a experiência tão frustrante de ter de ligar novamente para uma pessoa porque "acabou de lembrar" (logo **depois** de desligar!) de um tópico importante que esqueceu de mencionar.

Mapas Mentais para telefonemas poupam o seu tempo, evitam embaraços e economizam o seu dinheiro!

## Mapa Mental para começar um novo empreendimento

Como você viu até aqui, os Mapas Mentais são uma ferramenta de planejamento extraordinária. Eles lhe possibilitam ver o "quadro completo" e não deixam nada ao acaso. Haverá, então, um recurso melhor para planejar um novo empreendimento?

Talvez você esteja pensando em abrir seu próprio negócio, por exemplo uma loja ou uma empresa. Ou talvez queira se dedicar a algo mais modesto, como um serviço de babá ou um clube social. Qualquer que seja a sua idéia, os Mapas Mentais podem ajudá-lo a planejar com maior esmero e a ser mais bem-sucedido.

São muitos os aspectos a levar em consideração no início de um novo empreendimento. A tarefa pode ser realmente desalentadora. Entretanto, com um Mapa Mental você pode estar seguro de que, em primeiro lugar, pensou em absolutamente tudo com o máximo cuidado. Por exemplo, onde você vai estabelecer o seu negócio? Você precisa de um local específico ou pode trabalhar em casa? Precisa empregar outras pessoas ou pode fazer tudo sozinho? Como vai financiar o empreendimento? Será necessário um grande capital inicial? Você precisará fazer empréstimo? Todas essas questões podem ser representadas graficamente em seu Mapa Mental, usando as palavras-chave para cada um dos pontos principais que precisam ser considerados. Isso lhe permitirá ver os problemas *antes* que eles surjam e dar os passos necessários para evitá-los.

À medida que o empreendimento se concretiza, você pode consultar o Mapa como ponto de referência constante para verificar se tudo está se desenvolvendo conforme o previsto. Por exemplo, muitas vezes as finanças e o fluxo de caixa ocupam tanto tempo e assumem tanta importância que é fácil esquecer todas as brilhantes idéias de marketing que você tinha para conseguir dinheiro em primeiro lugar (ironicamente, são essas iniciativas de marketing que podem aumentar seu rendimento). Mas retornando ao seu Mapa Mental regularmente, você não esquecerá nenhuma das suas idéias iniciais e será capaz de implementá-las no momento oportuno.

Com um Mapa Mental na mão, você dá ao seu novo empreendimento uma

# vantagem inicial

para o

# sucesso.

Veja o exemplo de um Mapa Mental completo sobre este assunto na Estampa 6.

# Mapa Mental para fazer compras

Os Mapas Mentais são uma ótima ajuda para as compras. Com eles, você se lembrará de tudo o que precisa comprar e tornará todo o processo mais simples e dinâmico. Eles também alimentam o seu cérebro com uma dieta constante de estimulação cerebral à medida que os utiliza para lembrar-se no momento das compras.

É o fim dos pedacinhos de papel que fragmentam o seu pensamento, estressam a sua mente com incertezas e não raro são extraviados! Você pode inclusive elaborar um Mapa Mental para planejar todas as compras relacionadas com presentes para o Natal ou para outras ocasiões especiais.

Primeiro, desenhe uma imagem central que o lembre das compras. Em seguida, atribua a cada ramo principal uma pessoa para quem você comprará alguma coisa. Escreva os nomes como palavras-chave e desenhe alguns ramos secundários para os detalhes relacionados com cada pessoa. Por exemplo, quais são seus passatempos, do que ela gosta ou não gosta? Isso o ajudará a resolver-se pelos presentes mais adequados.

Você pode inclusive usar o Mapa Mental para escolher o caminho mais eficiente para sua jornada de compras e as melhores lojas para cada presente. Então, ao sair para comprar, leve junto o seu Mapa Mental como referência, para ter certeza de que se lembrará de tudo.

Com um Mapa Mental, o seu plano de compras será mais rápido e eficaz, você comprará tudo o que quer, livrar-se-á da dúvida importuna de que esqueceu alguma coisa e não precisará fazer aquelas viagens de volta desnecessárias para apanhar o que esqueceu! (A Estampa 7 ilustra um Mapa Mental sobre este tópico.)

## Mapa Mental para reduzir um livro a uma única página

É fácil fazer o Mapa Mental de um livro. Na verdade, os livros são *feitos* para ser mapeados! Essa atividade pode ser de enorme proveito para os estudos. Os Mapas Mentais despertam o seu interesse pelo assunto antes mesmo de começar e constituem um notável recurso a que você pode se reportar sempre que necessário.

Para reduzir um livro a uma única página, dê inicialmente uma passada de olhos por todo o livro, examinando as principais divisões e os títulos dos capítulos. Estes lhe fornecerão os principais ramos do seu Mapa. A imagem central poderá ser algo que resuma o assunto do livro ou uma ilustração do próprio livro.

Com essa estrutura básica, preencha os detalhes à medida que avança, mesmo que não leia sempre na ordem normal.

Como o Mapa Mental é um "sistema auto-organizado", ele lhe apresentará uma visão geral do desenvolvimento do trabalho, aumentando seu **entendimento** e sua **compreensão**, tornando o estudo e o aprendizado mais rápidos e mais agradáveis e melhorando imensamente a sua memória.

Rever o Mapa Mental de um livro é como folhear um álbum de fotografias em que cada foto desencadeia imediatamente uma longa seqüência de informações e representa uma imagem de "mil palavras".

É fácil mapear romances. Num romance, os títulos dos capítulos provavelmente não fornecerão os melhores ramos principais. Algum outro elemento cumprirá essa função.

Todos os romances são constituídos de partes componentes importantes que lhe possibilitam condensar um livro inteiro numa única página. Esses componentes principais são:

**Enredo** — a estrutura dos acontecimentos

**Personagens** — tipos e desenvolvimento

**Ambiente** — os lugares e a época em que os acontecimentos se situam

**Linguagem** — seu nível geral, o tipo de vocabulário e seu ritmo

**Imagética** — o tipo de imagens que o autor põe à disposição da sua imaginação

**Temas** — as idéias abordadas pelo romance, incluindo temas comuns como amor, poder, dinheiro, religião, etc.

**Simbolismo** — em que o autor emprega uma coisa para significar outra — por exemplo, flores para amor, tempestades para ódio, mar calmo para paz, etc.

**Filosofia** — alguns livros apresentam um ponto de vista para provocar o nosso modo de pensar

**Gênero** — os romances podem ser classificados sob diferentes títulos, como político, de aventura, de mistério, policial, histórico, etc.

Quando mapeia um romance desse modo, você nunca mais confundirá um personagem com outro, um período de tempo ou o que de fato está acontecendo! O Mapa Mental será como um farol, iluminando o seu caminho à medida que progride e propiciando-lhe uma compreensão e apreciação muito mais ricas, profundas e completas daquilo que você lê.

Se está estudando ou planejando participar de cursos sobre *qualquer* assunto, os Mapas Mentais de livros são o modo ideal de conseguir uma nota máxima.

# Mapa Mental em computador

Os computadores podem ser úteis com um Mapa Mental. Embora seja o cérebro que fornece as idéias, o software mais atualizado pode dar-lhe condições de desenhar um Mapa Mental na tela. As vantagens desse procedimento são óbvias. Você pode salvar os seus Mapas Mentais num arquivo e então transmitir essas informações para outras pessoas. Mapas Mentais em computador possibilitam-lhe armazenar uma imensa quantidade de dados nesse formato, cruzar esses dados, mudar uma ou várias posições dos ramos para outras, reorganizar Mapas Mentais inteiros à luz de novas informações e participar de conferências globais.

Muitas empresas estão atualmente utilizando Mapas Mentais de computador para armazenar e compartilhar informações e para acompanhar projetos. Use-os com Mapas Mentais feitos à mão — a combinação é muito produtiva!

Como você viu, os Mapas Mentais têm usos múltiplos e variados.

No próximo capítulo, apresentarei os Mapas Mentais como uma superferramenta para aprimorar a sua criatividade e capacidade de gerar pensamentos. Em primeiro lugar, porque a criatividade é um componente essencial em nossa vida moderna, e em segundo, porque o uso criativo de Mapas Mentais revela um fato sobre o seu cérebro e o potencial dele que o divertirá e encantará.

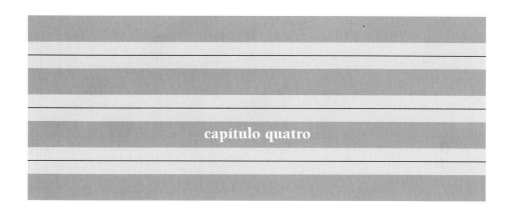

maior criatividade com

# Mapas Mentais

- Liberação do seu espantoso poder criativo com Mapas Mentais

- Anotações lineares e seus problemas

- A rede da Internet na sua cabeça e o poder criativo dessa rede

- Os grandes gênios criativos e o hábito de anotar

Este capítulo abordará o modo como os Mapas Mentais trabalham com os princípios cerebrais de Imaginação e Associação para maximizar a sua criatividade.

## Liberação do seu espantoso poder criativo com Mapas Mentais

Você se considera criativo?

Neste capítulo, os Mapas Mentais mostrarão não apenas que você é criativo, mas também que é **espantosamente** criativo. Para isso, voltemos ao exercício do Capítulo 2, sobre "Fruta". Observe o Mapa Mental que você mesmo desenhou ou então o representado pela Estampa 1. Cinco ramos principais brotam da imagem central, cada um deles dando origem a outros três "raminhos" que formam um terceiro **nível de Associação**. Com o seu cérebro imaginativo e associativo, você acrescentou palavras ou imagens importantes a esses ramos. Isso parece simples, mas o que o seu cérebro fez foi na verdade algo muito profundo. Você tomou um único conceito, "Fruta", e derivou dele cinco idéias-chave. Assim, você multiplicou o seu primeiro produto criativo por cinco — isto representa um aumento de 500% na produção criativa.

Em seguida você tomou as cinco idéias novas, recém-criadas, e a partir de cada uma criou mais três noções novas. Outro aumento triplicado ou de 300%! Quase instantaneamente, você começou com uma idéia e criou outras 15; um aumento de 1.500%!

Agora pergunte-se: "Eu poderia criar outras cinco palavras/idéias de cada uma das 15 palavras que derivam das cinco originais?" É claro que sim! São outras 75 idéias criadas! Você poderia acrescentar mais cinco a cada uma dessas? Novamente, sem dúvida nenhuma — outras 375 idéias! **Isso representa 37.500% mais idéias do que no início!** Você poderia continuar até o nível seguinte? E até o seguinte novamente? E assim sucessivamente? Certamente que sim!
E durante quanto tempo? Indefinidamente! Gerando quantas idéias?
## Um número *infinito* delas!

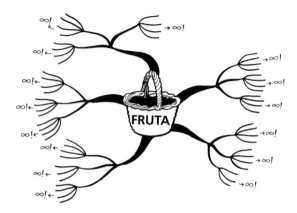

**Os Mapas Mentais demonstram que você tem capacidades criativas infinitas.**

Este novo conhecimento tem aplicações imediatas. Você pode usá-lo para fortalecer a sua confiança de que **sempre** será capaz de encontrar uma palavra adequada, de que **sempre** será capaz de encontrar uma solução para um problema, de que **sempre** será capaz de ter idéias criativas, de que a sua capacidade natural para unir e conectar **sempre** o ajudará em qualquer situação que envolva o pensamento; enfim, de agora em diante você **sempre** saberá que é mais inteligente do que pensa!

Inconscientemente, você já vem demonstrando essa capacidade criativa infinita durante toda a sua vida. Ela é chamada procrastinação! Apenas pense na incrível criatividade, no incalculável número de idéias originais que você gera todos os dias quando pensa em novas razões (justificativas!) para **não** arrumar aquele armário, ler aquele livro, realizar aquela tarefa desagradável ou maçante... criatividade infinita!

Depois de gerar muitas idéias criativas, você pode debruçar-se sobre elas e, com o seu enorme poder de associação, procurar elos e conexões que darão origem a novas superidéias que resolverão os seus problemas, ajudá-lo-ão a tomar decisões e o auxiliarão a produzir novas invenções que aumentarão seus ganhos!

Esse poder infinito de associação possibilita-lhe gerar tantas idéias quantas desejar em qualquer área criativa. A vantagem disso é como a loteria: em quantos mais números você aposta, maiores as possibilidades de ganhar (de surgir a idéia "vencedora"!).

Por isso, os Mapas Mentais são a melhor forma de expressar o infinito potencial criativo do seu cérebro. De repente vemos por que tantas pessoas têm problemas quando usam anotações lineares padronizadas para ajudá-las a pensar. Quem usa Mapas Mentais não enfrenta esses problemas.

## Anotações lineares e seus problemas

Como lhe ensinaram a tomar notas e, na verdade, como você ainda faz isso?

Se é como 99,9% da população do mundo, você foi ensinado, como eu também, a anotar usando palavras, linhas, números, lógica e seqüência.

Essas são ferramentas bastante poderosas.

O único problema é que elas não formam um conjunto completo. Elas representam as capacidades do seu "cérebro esquerdo" e não incluem **nenhuma** capacidade do "cérebro direito", que nos dá condições de compreender o ritmo, a cor, o espaço e o devaneio.

Em outras palavras, você e eu fomos ensinados a usar apenas a metade, ou 50%, do robusto conjunto de ferramentas do cérebro. Fomos treinados a ser meio-inteligentes, literalmente!

É como se eu lhe pedisse para correr 100 metros para poder observar a sua eficiência como corredor. Dou-lhe a possibilidade de fazer o teste duas vezes. Na primeira, podendo usar 100% do seu corpo, você provavelmente ficará numa faixa de 90-100% de eficiência.

Na segunda tentativa, permito-lhe usar apenas 50% da sua estrutura física, amarrando o seu pé direito à mão direita nas costas. Peço-lhe novamente para correr 100 metros. O resultado? Cara no chão no primeiro centímetro! Eficiência menor que zero, porque você pode muito bem se machucar!

O mesmo acontece com o uso de apenas "um lado" do cérebro. O nosso modo tradicional de tomar notas, além de usar um conjunto incompleto de recursos, tem outra fraqueza fundamental.

Os alunos em todo o mundo são ensinados a anotar com tinta azul ou preta ou com lápis. Na minha própria escola, a restrição era ainda maior — tínhamos de usar apenas tinta preta-azulada, e de uma marca específica, ainda por cima. Se ousássemos usar azul ou preto, éramos punidos com o castigo de fazer milhares de **linhas**! Qual é a desvantagem de se exigir anotações feitas numa só cor?

Pense nisso: para o cérebro, uma única cor é um ***mono***(único)***tom*** de cor.

Que palavra formamos ao combinar os conceitos de ***mono*** e ***tom***?

## Monótono!

E que nome damos a algo que é particularmente monótono?

## Chato!

E o que o *seu* cérebro faz quando está chateado? Ele sai da sintonia, desliga-se, anda ao léu, devaneia e adormece.

E é irrelevante se você faz anotações da esquerda para a direita, se escreve em hebraico ou árabe, anotando da direita para a esquerda, ou se é um chinês que anota verticalmente — para o cérebro humano, tudo é igual, e ele adormece!

Concluímos assim que 99,9% da população letrada, instruída e graduada do mundo faz anotações para os objetivos essenciais de criatividade, memória, planejamento, organização, pensamento e comunicação que são especificamente destinados a dessintonizá-los, desligá-los e pô-los a dormir!

É uma ironia triste que nesse sistema tradicional de tomar notas, em geral quanto mais você anota, mais as coisas simples começam a parecer complicadas.

As linhas das nossas anotações tradicionais são como as barras das celas de uma prisão em que a infinita capacidade criativa de pensar do nosso cérebro está encarcerada para sempre — a menos que a libertemos com Mapas Mentais.

Num sentido muito real, as frases que formam as barras das celas do nosso cérebro são Frases de Prisão!!

Anotações lineares, por sua própria natureza e estrutura, treinam você a se tornar cada vez menos criativo. Por outro lado, os Mapas Mentais, usando todo o poder da sua imaginação e todos os recursos de pensamento dos cérebros direito/esquerdo, permitem conectar-se com uma fonte infinita de criatividade.

# A rede da Internet na sua cabeça e o poder criativo dessa rede

Atribui-se à Internet a capacidade de produzir um volume imenso, incalculável, de criatividade no mundo inteiro. Além disso, usamos a Internet para acessar informações, para comunicação, para armazenar conhecimento e para diversão.

Como você provavelmente começa a perceber, o cérebro tem a sua própria Rede! Na verdade, o seu cérebro tem uma organização muito semelhante à da Internet; a diferença é que ele tem muitas vantagens:

- Dispõe de um equipamento muito superior.
- É muito mais rápido para acessar informações.
- Pode gerar suas próprias informações de forma muito mais rápida e abrangente.

- Contém um número muito maior de padrões de pensamento — comparar a rede da Internet com os padrões potenciais presentes em seu cérebro seria como comparar um grão de ervilha numa horta com um planeta!

Os Mapas Mentais refletem essa rede interna, agindo como um condutor entre o seu universo pessoal e o universo externo. Os grandes gênios, como você logo descobrirá, compreenderam isso.

## Os grandes gênios criativos e o hábito de anotar

Como adepto dos Mapas Mentais, você começará a desenvolver os mesmos processos de pensamento usados pelos maiores pensadores criativos da história! Tanto Leonardo da Vinci como Einstein usaram a imaginação de modo absoluto. Foi Einstein quem disse:

# "A imaginação é mais importante que o conhecimento."

E ele estava certo!

Leonardo da Vinci, eleito em 2000 o Cérebro do Milênio, é o exemplo perfeito do poder dos princípios do Mapeamento Mental quando aplicados ao pensamento. As anotações científicas de Leonardo são adornadas com imagens, símbolos e associações. E para que ele usava essas anotações? Para se tornar o maior gênio de todos os tempos, e o "melhor do mundo" de sua época em psicologia, anatomia, arquitetura, pintura, aquanáutica, aeronáutica, astronomia, engenharia, culinária, instrumentos musicais de cordas, geologia e bufonaria, para citar apenas algumas áreas!

Leonardo percebeu o poder das **imagens** e **associações** para liberar a capacidade infinita do cérebro.

Siga o exemplo dele! *Use Mapas Mentais!*

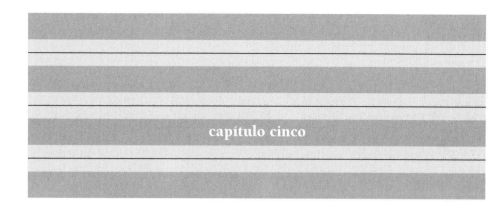

capítulo cinco

seu futuro ideal visualizado com

# Mapas Mentais

- Criando o seu futuro ideal

- Mapas Mentais e o futuro

- Sonho realizado

# Criando o seu futuro ideal

Agora você está consciente do extraordinário poder dos Mapas Mentais. Outro objetivo importante desse recurso é ajudar **você** a assumir o controle do **seu** futuro!

Provavelmente você já tem consciência do fato de que "tende a conseguir aquilo que pensa que conseguirá". Um Mapa Mental, como a mais sofisticada ferramenta de pensamento do mundo, pode ajudá-lo a pensar muito bem sobre o que você quer. Por isso, um Mapa Mental aumentará significativamente a probabilidade de você conseguir o que deseja!

A sua próxima e estimulante tarefa é, portanto, **deixar sua imaginação fluir livremente!** Imagine que você dispõe de tempo, recursos e energia ilimitados e que pode fazer tudo o que quer, por toda a eternidade. Novamente, usando uma folha grande de papel em branco, e colocando no centro uma imagem-síntese que represente, para você, a essência do seu Futuro Ideal, desenvolva um (ou dez!) Mapa Mental sobre tudo o que gostaria de realizar se não lhe fossem impostos limites.

Esse Mapa Mental do Futuro Ideal deve incluir tudo o que você sonhou fazer, em qualquer etapa da sua vida. Alguns sonhos mais comuns incluem viajar, aprender novas línguas, aprender a tocar um instrumento musical, aprender a desenhar, pintar, escrever, aprender novas danças, explorar novos assuntos e começar a praticar novos esportes e atividades mentais e físicas. (Uma maneira proveitosa de preparar o cérebro para fazer esse Mapa Mental é esboçar um Mapa rápido sobre tudo o que você **não** quer em seu futuro ideal.)

Os tópicos sugeridos para os ramos principais incluem: Habilidades; Educação; Amigos; Família; Trabalho; Passatempo preferido e Objetivos. Mapeie o restante da sua vida exatamente como gostaria de projetá-la se um gênio saído de uma lâmpada mágica lhe tivesse dito que se você mapeasse perfeita e extensamente o seu futuro ideal, ele realizaria cada desejo formulado!

Ao elaborar esse Mapa, deixe a mente totalmente livre e mapeie tudo o que gostaria realmente de fazer se tivesse tempo e dinheiro.

Use todas as cores e todas as imagens que puder com o objetivo de estimular o seu pensamento criativo.

Outro pequeno Mapa muito útil que você pode criar ao fazer o Mapa do seu Futuro Ideal é o de um *dia* ideal em seu futuro. Desenhe um relógio como imagem central e mapeie todos os principais elementos desse dia perfeito. Ao completar o Mapa, transforme esse dia perfeito em cada dia da sua vida real.

Terminado o Mapa Mental do seu Futuro Ideal, use-o como estímulo e guia para acrescentar qualidade e esperança ao futuro *real* que você vai viver e criar. Determine-se a transformá-lo em realidade tanto quanto for possível. Muitas pessoas que já elaboraram esse Mapa descobriram que ele foi um sucesso ao transformar suas vidas e torná-las mais felizes e prósperas. Em alguns anos (ou menos!) de criação de Mapas Mentais, elas descobriram que cerca de 80% dos seus sonhos se tornaram realidade!

Para exemplo de um Mapa Mental completo sobre este assunto, veja a Estampa 8.

## Mapas Mentais e o futuro

O que os cérebros do mundo precisam é de uma ferramenta de pensamento que reflita seu modo natural de funcionar — que lhes possibilite usar todas as imagens e associações na forma entretecida, radiante e explosiva em que nasceram.

Você agora possui essa ferramenta, a ferramenta que um radialista irlandês descreveu como "Arte perfeita da mente".

**Os Mapas Mentais que você fizer irão surpreendê-lo, encantá-lo e enriquecê-lo.**

**Os Mapas Mentais irão tornar a sua vida mais produtiva, prazerosa e bem-sucedida.**

Num sentido muito real, trabalhar com Mapas Mentais é uma **ventura** e uma **aventura** cooperativas entre o que colocamos no papel e o que se passa em nossa cabeça.

Você já percebeu que os Mapas Mentais podem ser usados para todas as idéias que possam ocorrer-lhe. Quantas são elas? Infinitas!

Além dos usos que examinamos neste livro, outras situações comuns para utilização de Mapas Mentais incluem:

- planejamento de férias, festas, casamentos, eventos, emprego e da vida;
- Mapas Mentais de clientes para vendedores; um relacionamento cada vez maior é constantemente atualizado no Mapa do cliente;
- revisão para objetivos de estudo;
- dirigir e registrar reuniões;
- resolver todo tipo de problemas, inclusive pessoais, interpessoais e acadêmicos;
- obter perspectivas de qualquer situação;

• entrevistas;
• dirigir uma casa ou uma empresa multinacional.

Delego a você a tarefa de descobrir as infinitas aplicações restantes!

## Sonho realizado

Quando inventei os Mapas Mentais, meu sonho original era criar uma Ferramenta Mestra de Pensamento que pudesse ser usada facilmente por qualquer pessoa, que pudesse ser aplicada a milhares de situações diferentes e que ajudasse as pessoas em todos os aspectos de suas vidas; em outras palavras, uma ferramenta aplicável à própria vida. Ela também deveria capacitar o indivíduo a se expressar em seu modo peculiar — e, muito importante, tinha de ser divertida!

Essa ferramenta acabou se transformando num recurso que reflete o brilho e a grandeza naturais do cérebro humano. Essa ferramenta é o Mapa Mental!

Os Mapas Mentais podem ajudá-lo em todas as atividades diárias, desde o nível prático do dia-a-dia até a geração de idéias novas importantes. Os Mapas Mentais estão se espalhando por todo o mundo, e um número cada vez maior de pessoas está adotando essa ferramenta de pensamento extremamente útil. Estou vivamente emocionado porque você agora pertence a essa comunidade global cada dia mais numerosa de criadores de Mapas Mentais! Desejo-lhe sucesso permanente no uso do seu extraordinário cérebro e dos incríveis poderes de pensar e de elaborar Mapas Mentais que esse cérebro possui.

Orgrafic
Gráfica e Editora
tel.: 25226368